Ruedas salvajes

Los hot rods

GAIL TERP

BLACK RABBIT BOOKS

Bolt es una publicación de Black Rabbit Books
P.O. Box 227, Mankato, Minnesota, 56002
www.blackrabbitbooks.com

Michael Sellner, diseñador del interior
y investigación fotográfica

Información del catálogo de publicaciones de la biblioteca del congreso
Names: Terp, Gail, 1951- author.
Title: Los hot rods / by Gail Terp.
Other titles: Hot rods. Spanish
Description: Mankato, Minnesota: Black Rabbit Books, [2024] | Series: Ruedas salvajes | Includes index. | Audience: Ages 8-12 | Audience: Grades 4-6 | Summary: "Take a look at hot rods' unique features, exterior design, and what's under the hood. Translated into North American Spanish"—Provided by publisher.
Identifiers: LCCN 2022048018 (print) | LCCN 2022048019 (ebook) | ISBN 9781623108441 (library binding) | ISBN 9781623108700 (ebook)
Subjects: LCSH: Hot rods—Juvenile literature. | CYAC: Hot rods.
Classification: LCC TL236.3 .T43518 2024 (print) | LCC TL236.3 (ebook) | DDC 629.228/6—dc23/eng/20221020
LC record available at https://lccn.loc.gov/2022048018
LC ebook record available at https://lccn.loc.gov/2022048019

Impreso en China

Image Credits

Alamy: James Schwabel 10, Matthew Richardson 8, picturesbyrob 32, Zuma Press, Inc. 15; AP Images: Chris Neal 31, Damian Dovarganes 25, David Allio cover, Matthew Bolt/LVMS via Icon Sportswire 27, Santiago Mejia 21; Dreamstime: Gorgios 29; Getty: carolo7 9, Icon Sportswire 18–19, Leo Mason/Popperfoto 14, MediaNews Group/Inland Valley Daily Bulletin 5, 6–7, 22–23, The Enthusiast Network 9; iStock: YaskoCreative 15; Kimball Stock: Ron Kimball 12–13; Shutterstock: Aleksandrs Bondars 27, Bruce Alan Bennett 10, Creative icon styles 17, foxaon1987 3, Gestalt Imagery 14, Grindstone Media Group 22, mamanamsai 25, taro911 Photographer 1, Wikrom Kitsamritchai 26–27

Contenido

CAPÍTULO 1

Carrera corta, alta velocidad

Era la 62 edición de los Winternationals de la Asociación Nacional de Hot Rod (NHRA). Justin Ashley estaba listo para la carrera final. Esperó en la línea de salida. En el **árbol de Navidad** se encendieron dos luces azules. Luego tres luces ámbar. Luego… ¡verde! ¡Ya!

VITA C SHOT
PHILIPS | CONNECT
VITA C
SHOT.com

NHRA
CAMPING WORLD
IMPACT
NHRA
CAMPING WORLD
JUSTINASHLEY RACING
LUCAS OIL

Cuatro segundos

Ashley salió disparado. Su automóvil corrió a 314,5 millas (506 kilómetros) por hora por la pista. Cruzó la línea de meta en 3,692 segundos. ¡Ganó! La carrera estuvo muy reñida. El otro conductor terminó en 3,713 segundos. ¡Las carreras de hot rods son rápidas! En menos de cuatro segundos, la carrera de un cuarto de milla (0,4 km) había terminado.

Ashley fue el debutante del año de la NHRA en 2020.

CAPÍTULO 2

Autos antiguos hechos a nuevo

Los hot rods son vehículos antiguos que están **modificados**. Tienen más potencia y velocidad. Además tienen mucho estilo. Construir un hot rod puede ser divertido. Los constructores empiezan con un auto antiguo. Planifican cuidadosamente todo lo que hay que hacer. Luego limpian, reparan y reemplazan las piezas. Lleva mucho tiempo y esfuerzo.

Construir un hot rod

1. auto antiguo

2. restauración

3. hot rod

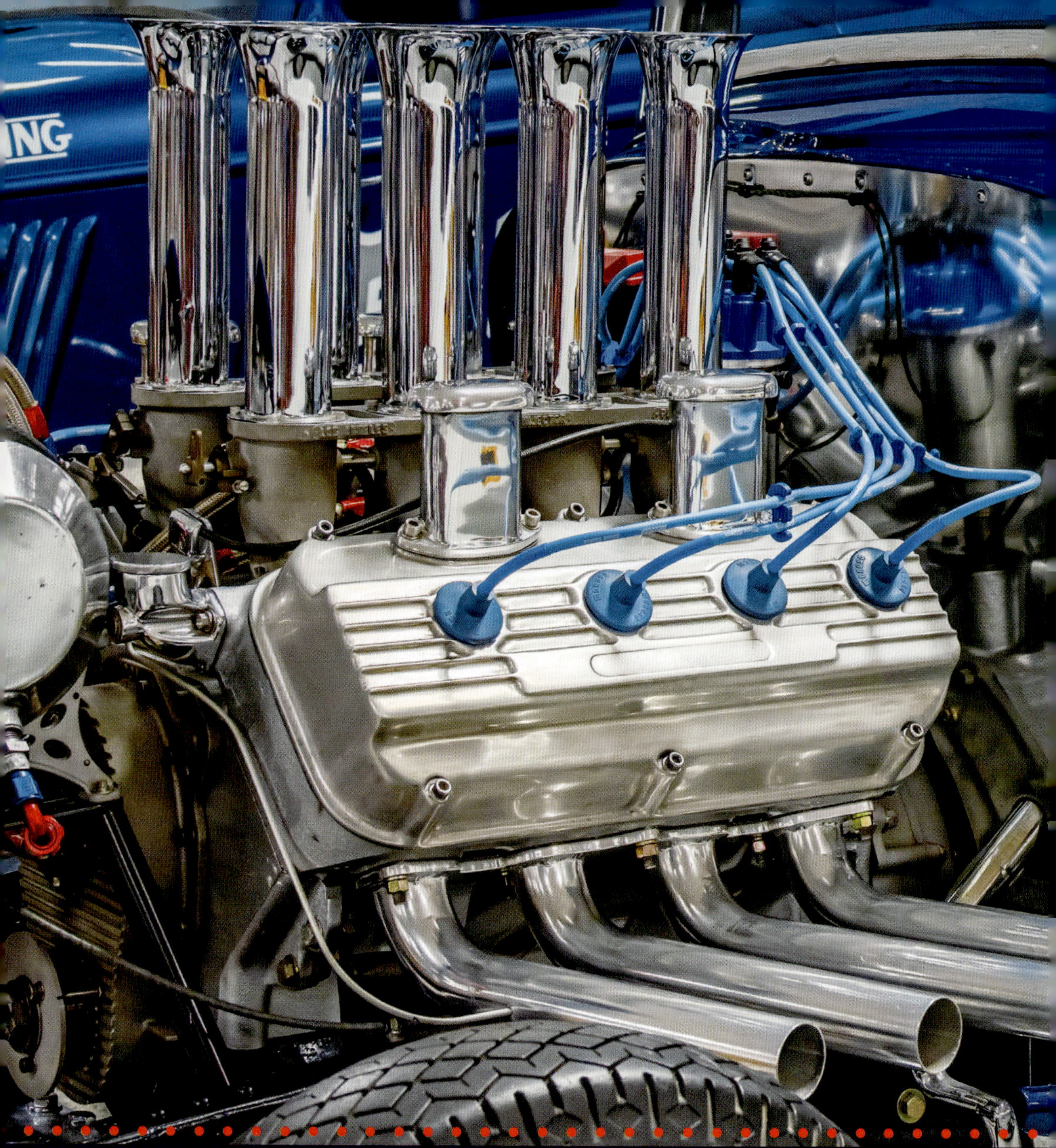

Para ganar aún más velocidad, la mayoría de los constructores eliminan las partes innecesarias del automóvil. Quitan el capó, los guardabarros y los parachoques. Algunos no tienen ventanas ni techo.

Un motor poderoso

Para ir tan rápido, un hot rod tiene un motor poderoso. Algunos constructores sacan el motor original. Lo reemplazan por uno más grande. O reconstruyen los antiguos para que puedan bombear más gasolina. De cualquier manera, el resultado es el mismo: ¡más velocidad!

Hora de pintar

Uno de los últimos trabajos es pintar la carrocería. Los constructores se ponen creativos. ¿Qué tal un color intenso? ¿Debería tener un fileteado? ¿Por qué no las clásicas llamas? Cuando está terminado, el hot rod no se parece a ningún otro.

PINTURA METALIZADA
FILETEADO
LLAMAS

Estilos de hot rods

Camioneta Hot Rod

convertido a partir de una camioneta antigua

Rat Rod

áspero, oxidado; con aspecto de inconcluso

Tradicional

pulido y llamativo

Top Fuel Hot Rod

largo y extremadamente veloz

CAPÍTULO 3

Competiciones de hot rods

Los hot rods se construyeron por primera vez en los años de 1920s. En aquel entonces, la gente corría competiciones en las calles. A menudo era peligroso. Las competiciones en pistas de aceleración de tierra comenzaron en los años de 1950s. Esta era una forma más segura de competir. Hoy en día, las pistas de aceleración son rectas. Están pavimentadas para una mejor **tracción**. La mayoría de las competiciones de hot rods tienen un cuarto de milla (0,4 km) de largo.

Tamaños de las pistas de carreras

Eventos de carreras

Un evento de carreras es una serie de carreras. En cada carrera compiten solo dos automóviles. El ganador pasa a la siguiente ronda.

Antes de empezar, los corredores queman gomas. Hacen girar las ruedas traseras mientras mantienen presionado el freno. Esto limpia la superficie de las llantas.

Generalmente hay cuatro rondas. Cada una termina en segundos. Los **equipos** reconstruyen el motor después de cada carrera.

Un equipo ganador

John Force comenzó a competir en 1978. Es dueño de uno de los equipos de carreras más exitosos de la historia. Pero no tuvo éxito de inmediato. Construyó un excelente equipo. Con ellos, ganó 16 campeonatos de la NHRA. Ahora, tiene más de 70 años, John Force sigue corriendo y ganando. Sus hijas también corren en su equipo.

Velocidades flameante

ACCESORIOS DE SEGURIDAD

Las carreras de hot rods tienen riesgos. Los importantes accesorios de seguridad ayudan a proteger a los conductores.

CASCO
ARNÉS
BARRAS DE SEGURIDAD
TRAJE ANTIFLAMA

Diseñadores y espectáculos

Algunos de los mejores hot rods están construidos por diseñadores profesionales. Chip Foose es uno de los mejores. Lleva más de 30 años diseñando hot rods. Sus automóviles han aparecido en películas y programas de televisión. Foose solía presentar un programa llamado *Overhaulin'*.

ASOCIACIÓN NACIONAL DE HOT ROD

RÉCORDS DE VELOCIDAD

Top Fuel

338,17 millas (544,23 km) por hora

Top Alcohol/ Metanol

285,83 millas (460 km) por hora

Funny Car

339,87 millas (546,97 km) por hora

Hot rods en números

$700.000

EL HOT ROD MÁS CARO VENDIDO EN UNA SUBASTA

110

pistas de carreras de la NHRA en todo el mundo

$46.153

salario promedio de un conductor de Top Fuel de la NHRA

Hasta 15 galones de gasolina quemado en una sola carrera de Top Fuel

hasta 1.000

hot rods en la carrera más grande de la NHRA,

The Big Go

Hot rods del futuro

Los hot rods son autos **clásicos**. Pero algunas personas usan las nuevas tecnologías para hacer que sus autos vayan más rápido. Esto podría ser más común en el futuro.

A la gente le gusta el sonido del motor de un hot rod. Pero los hot rods consumen mucha gasolina. Algunos convierten sus autos en **vehículos eléctricos**. Cambian el motor por una batería. Los amantes de los hot rods siempre encuentran nuevas formas de "tunear" sus autos.

GLOSARIO

árbol de Navidad: sistema de luces utilizado en las carreras como cuenta regresiva hasta el momento de la largada.

clásico: algo que ha sido popular durante mucho tiempo.

equipo: grupo de personas que cuidan del automóvil y del piloto en una carrera.

modificar: cambiar algo del original.

riesgo: posibilidad de daño o peligro.

tracción: la fuerza que hace que una cosa se adhiera a una superficie mientras se mueve.

vehículo eléctrico: un vehículo que tiene un motor alimentado por una batería, en lugar de gasolina.

ÍNDICE